Este libro para colorear pertenece a:

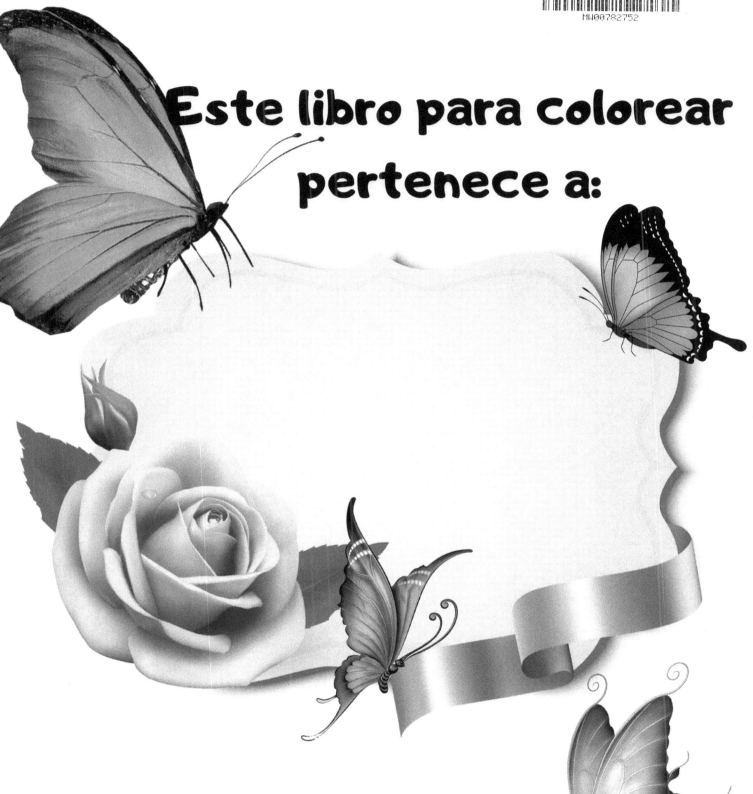

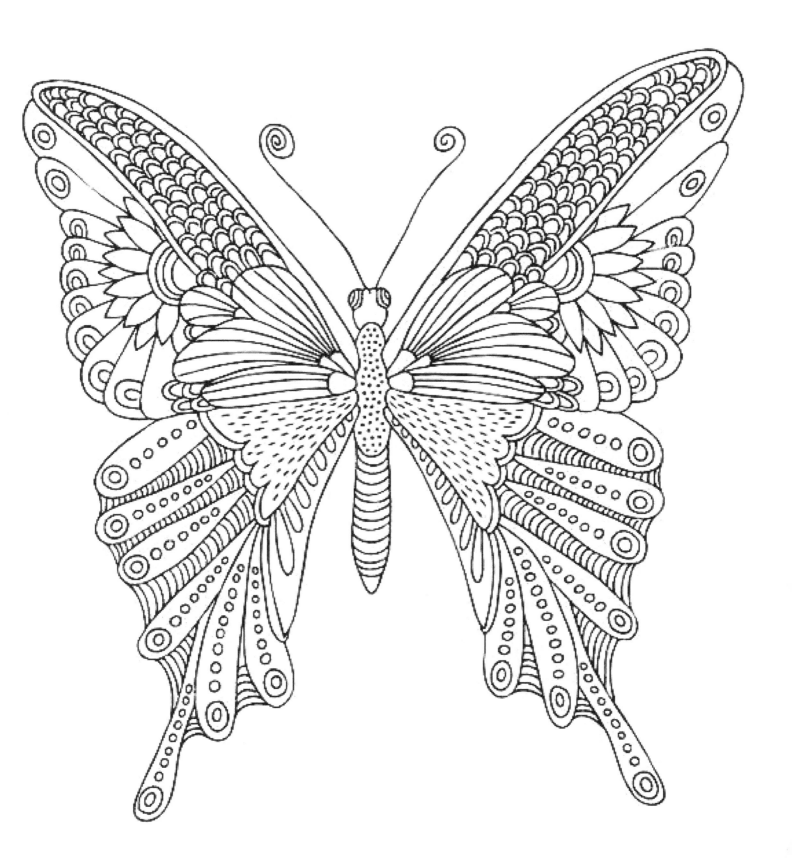

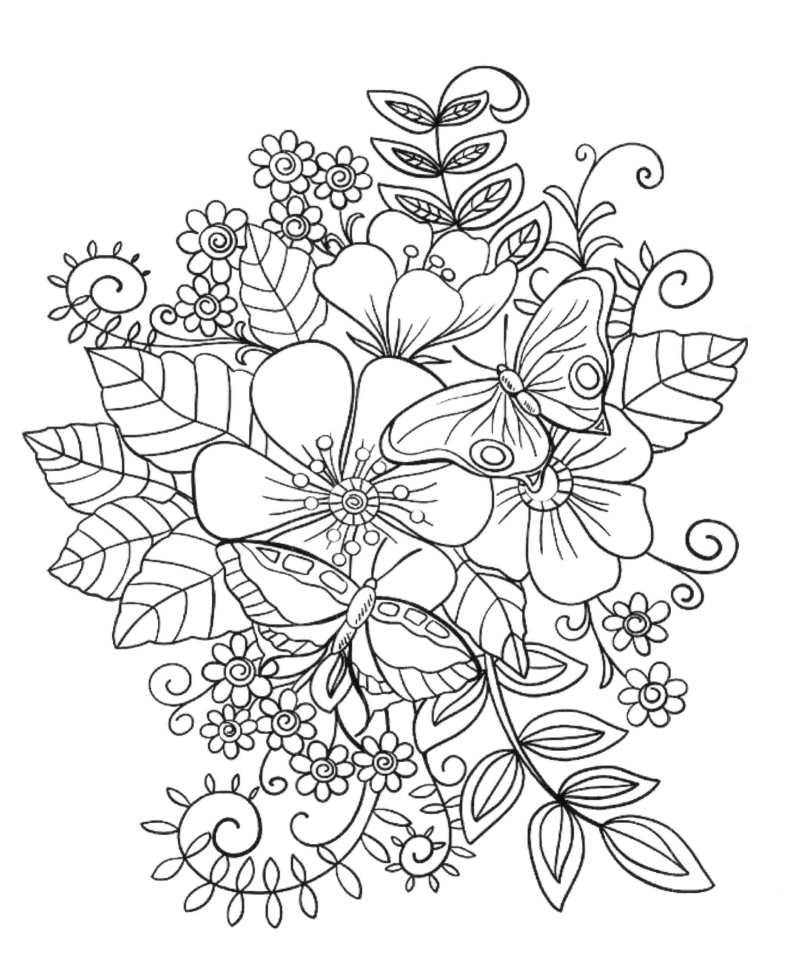

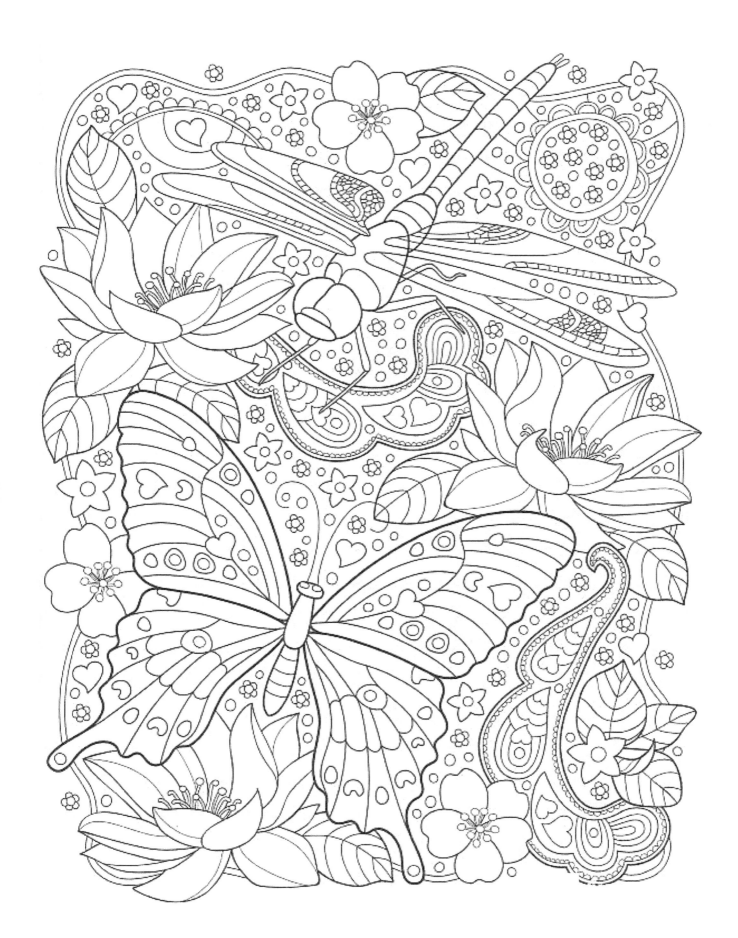

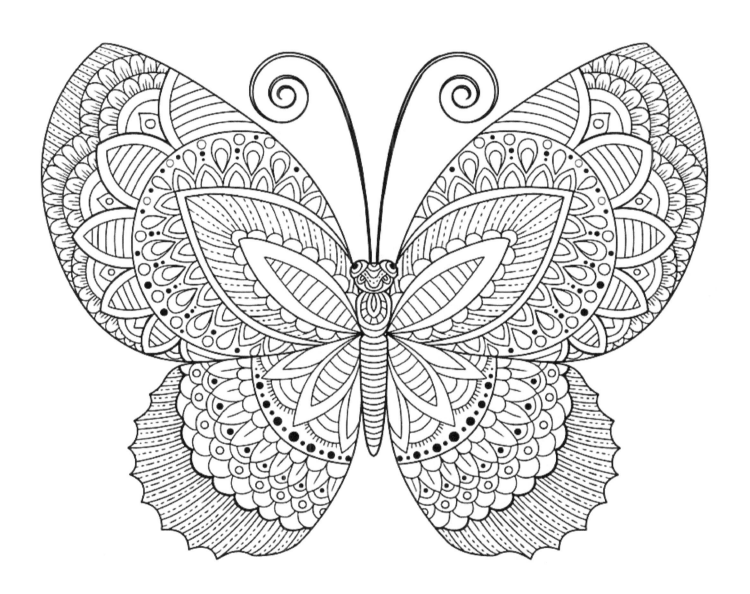

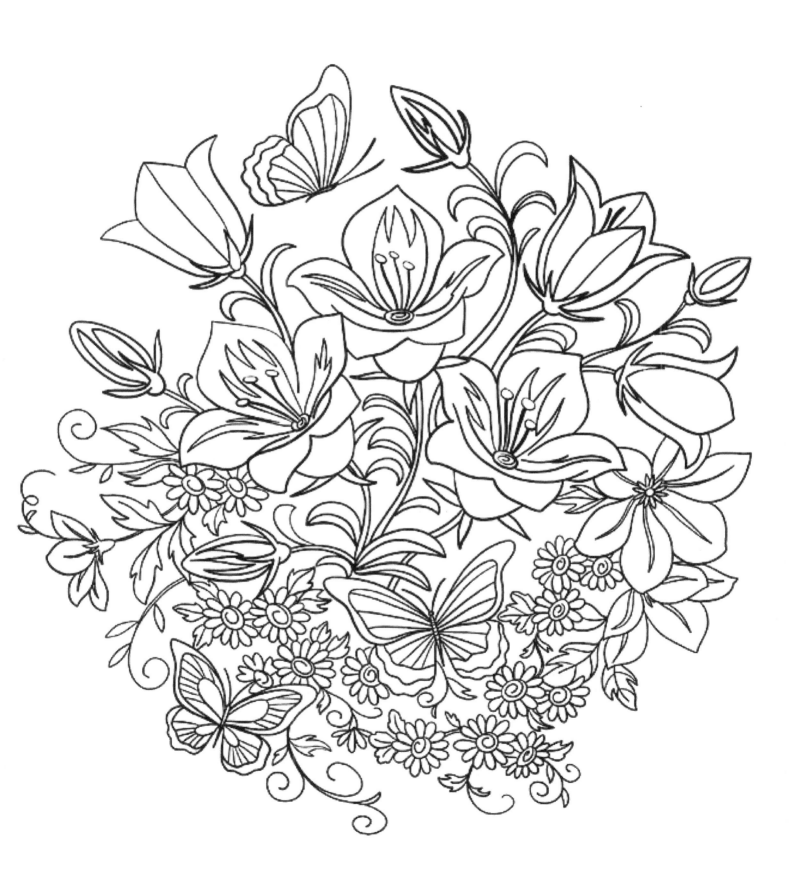

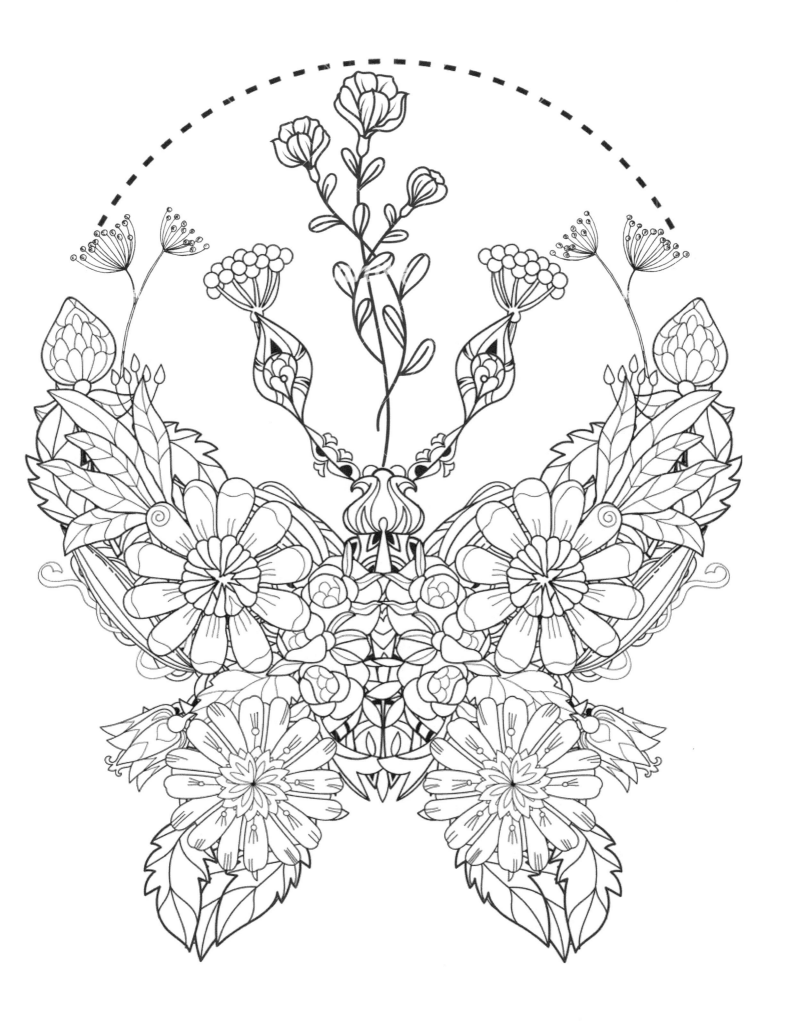

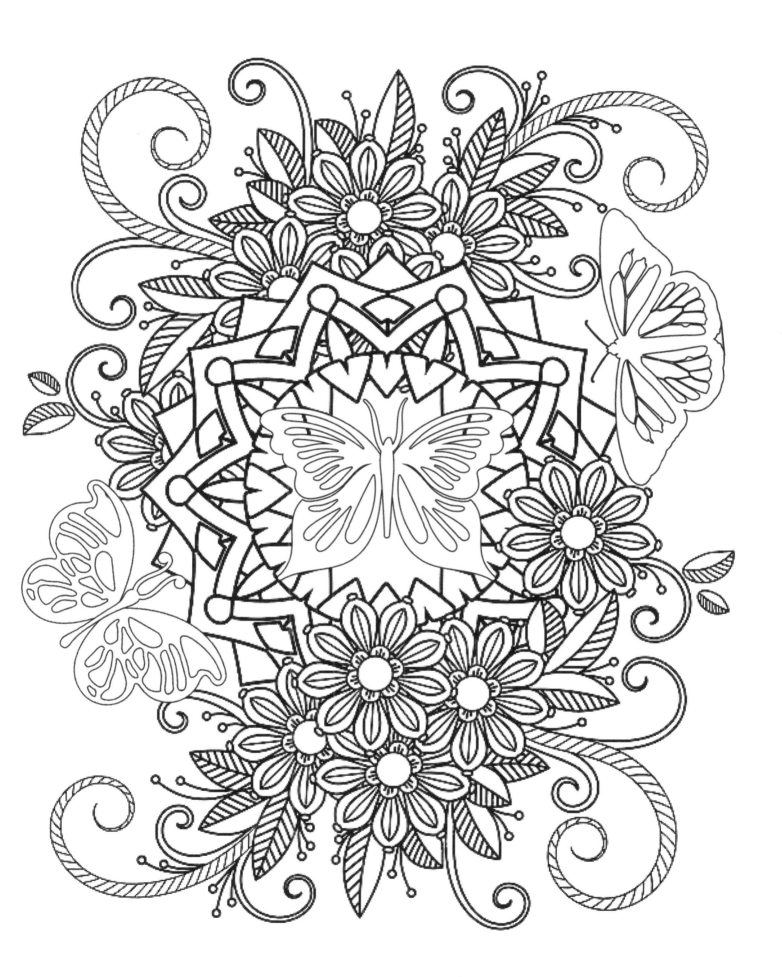

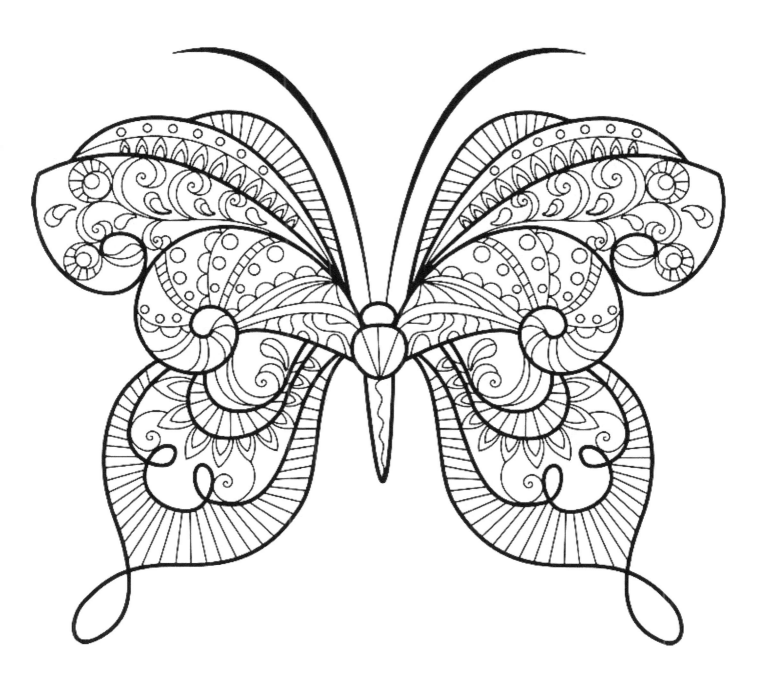

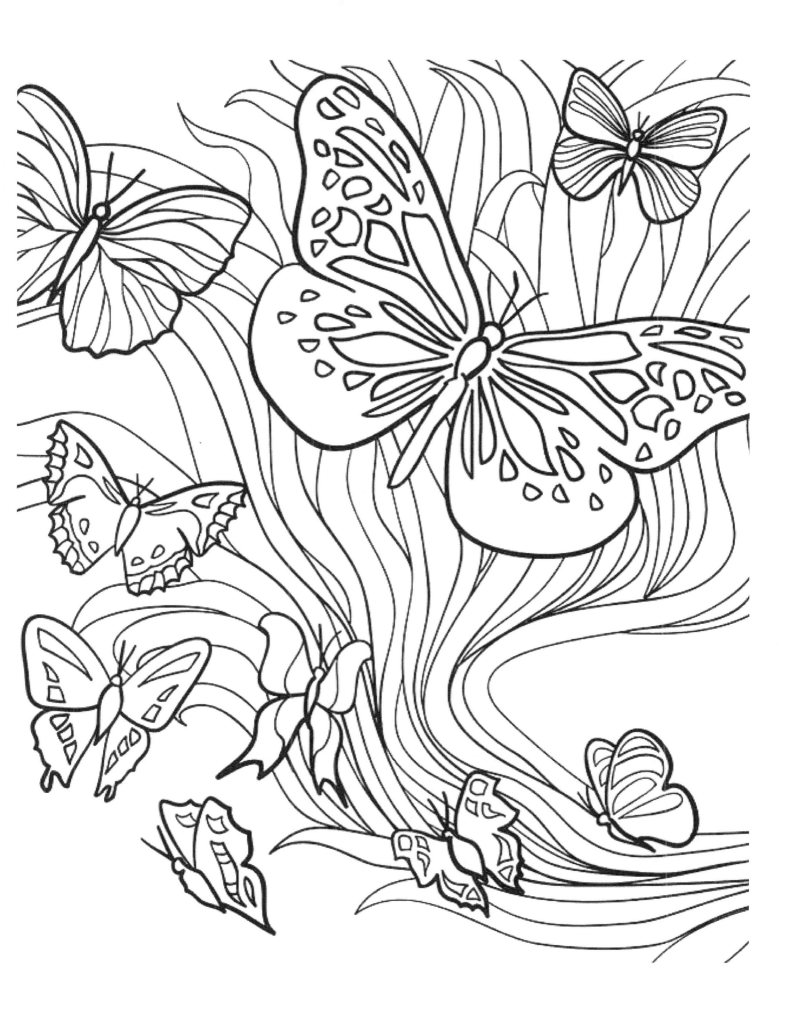

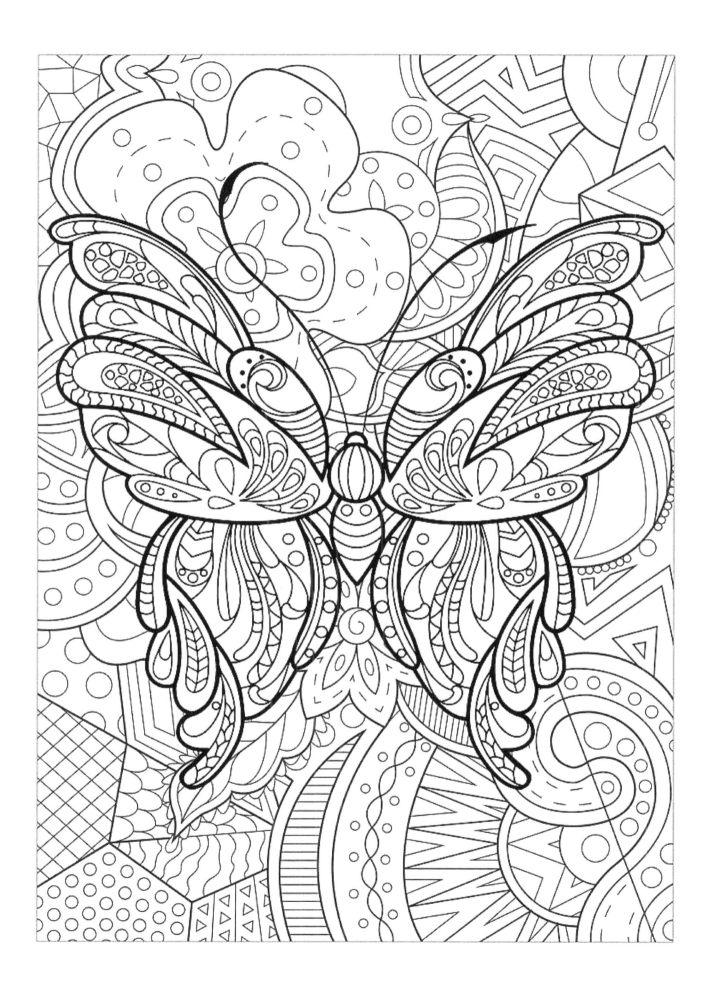

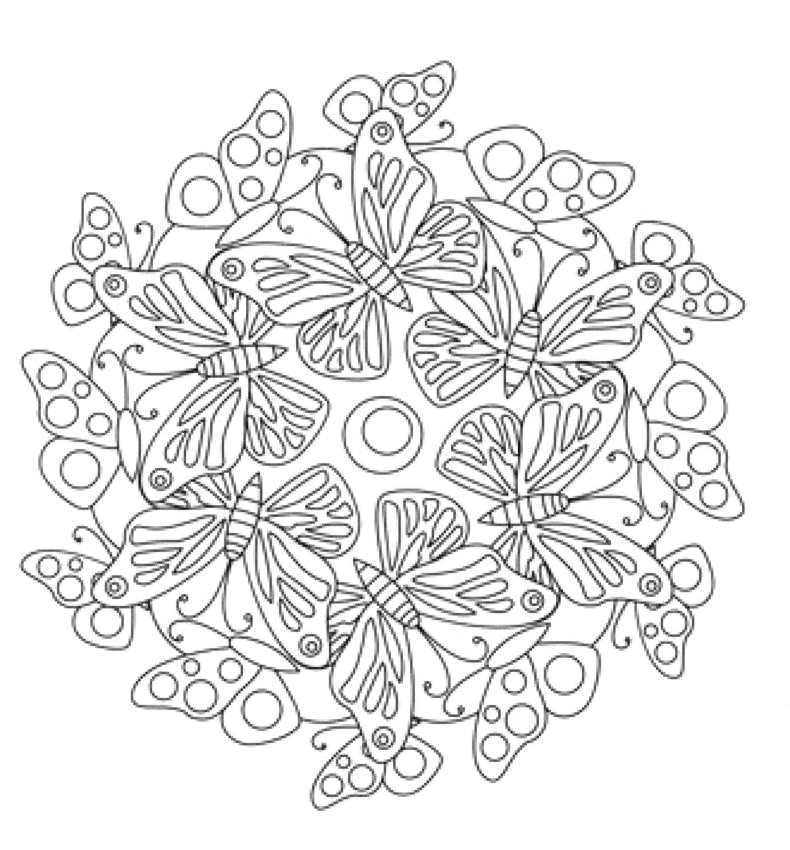

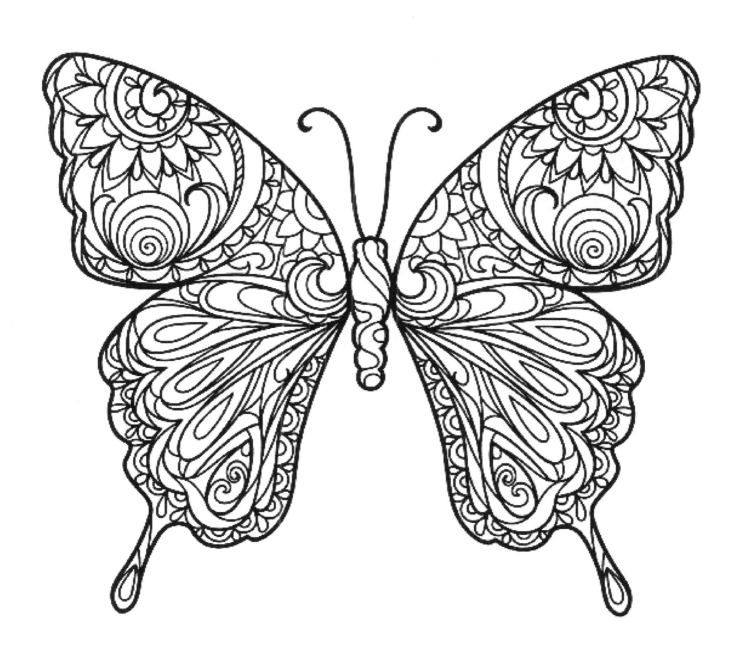

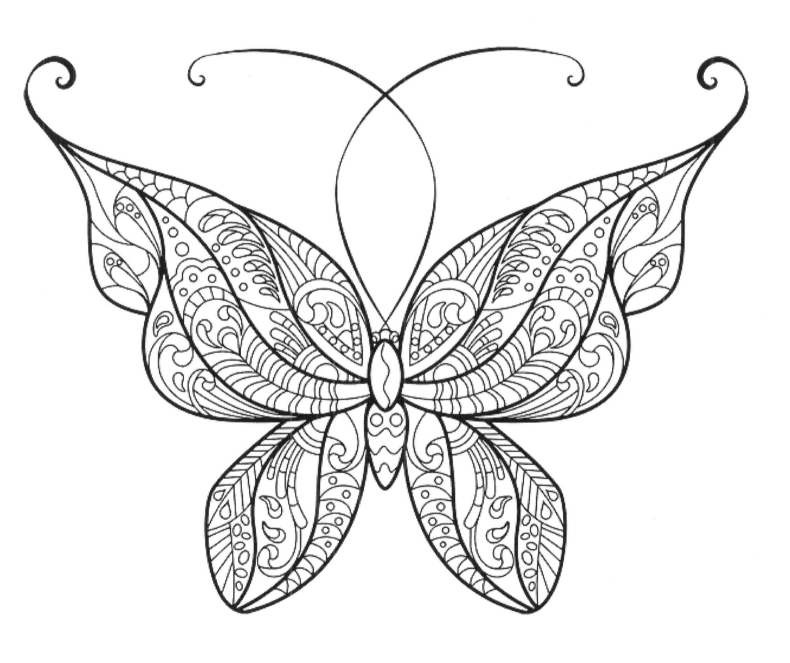

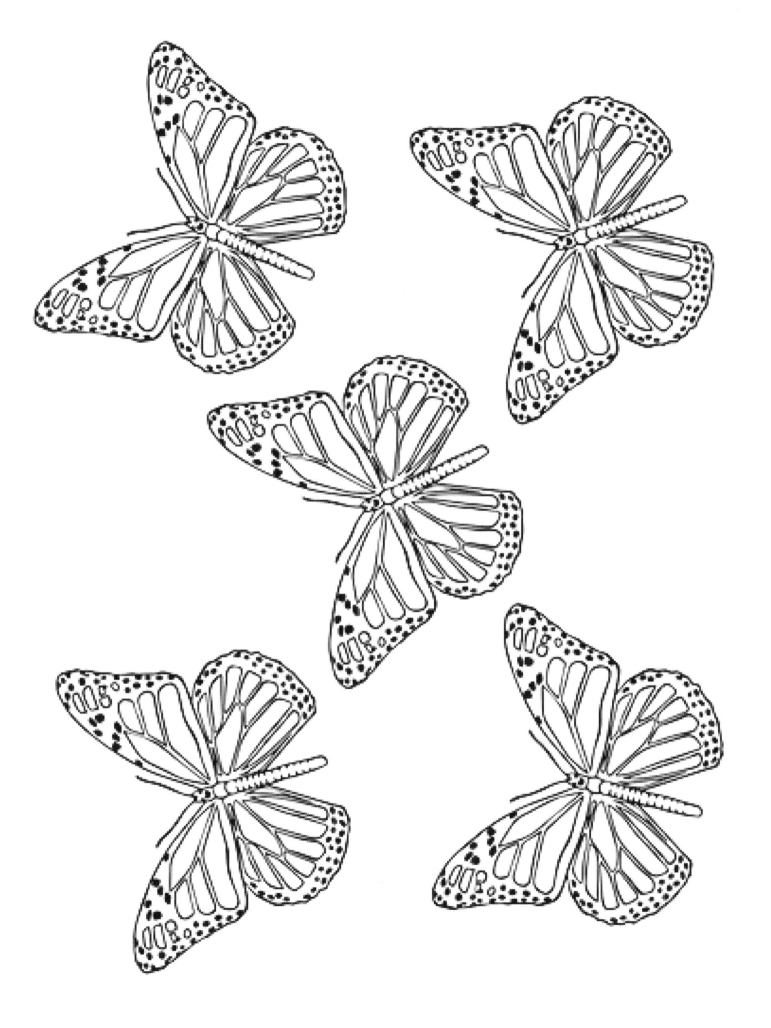

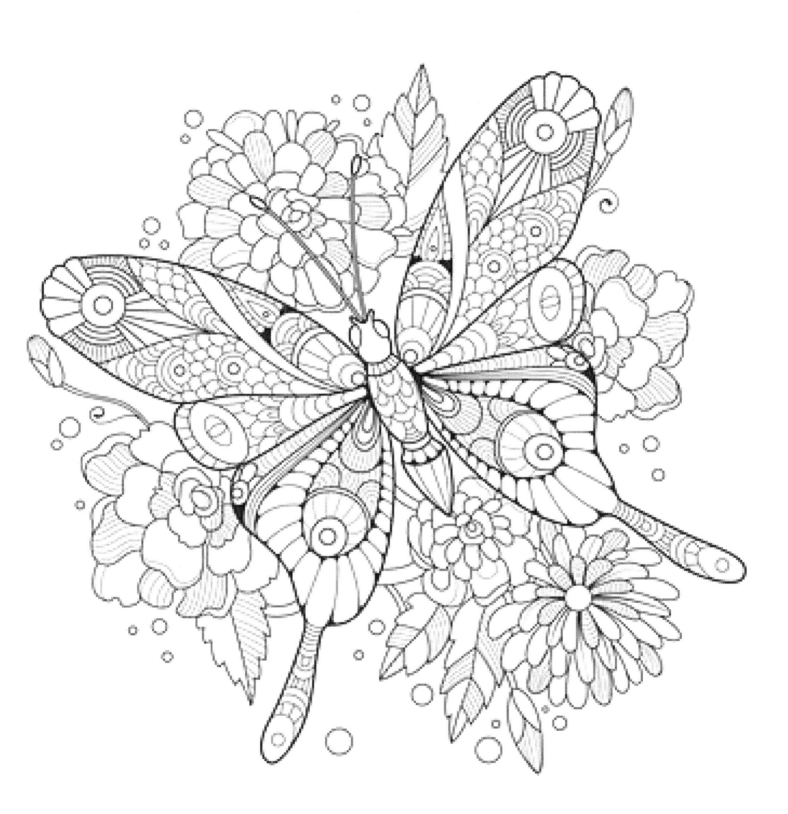

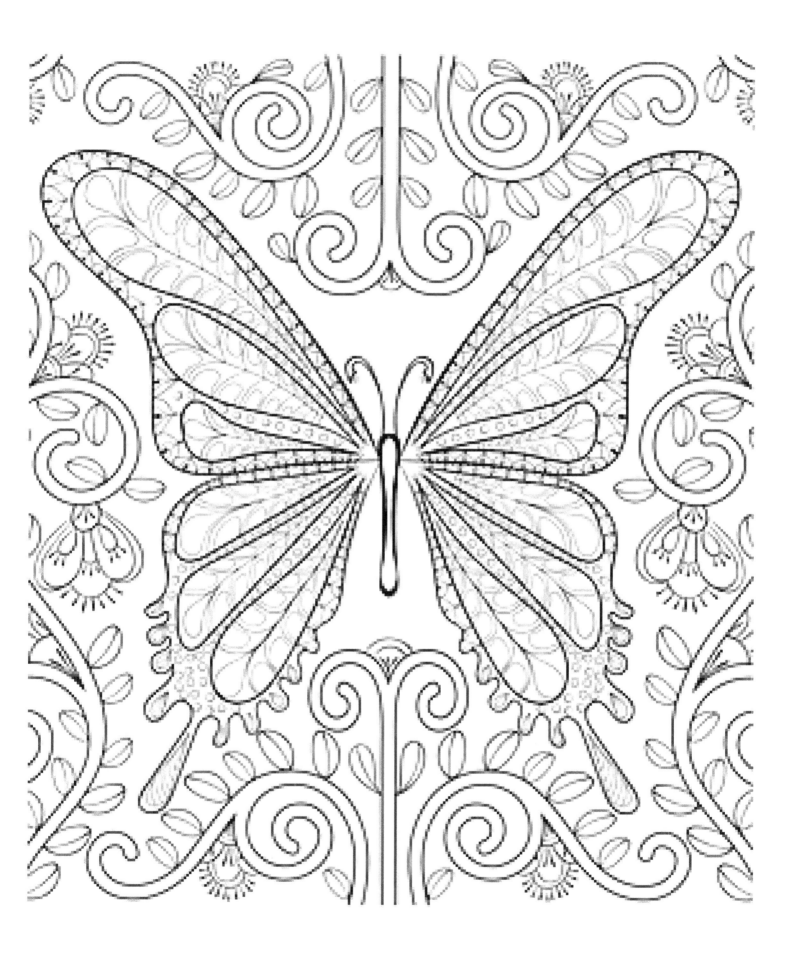

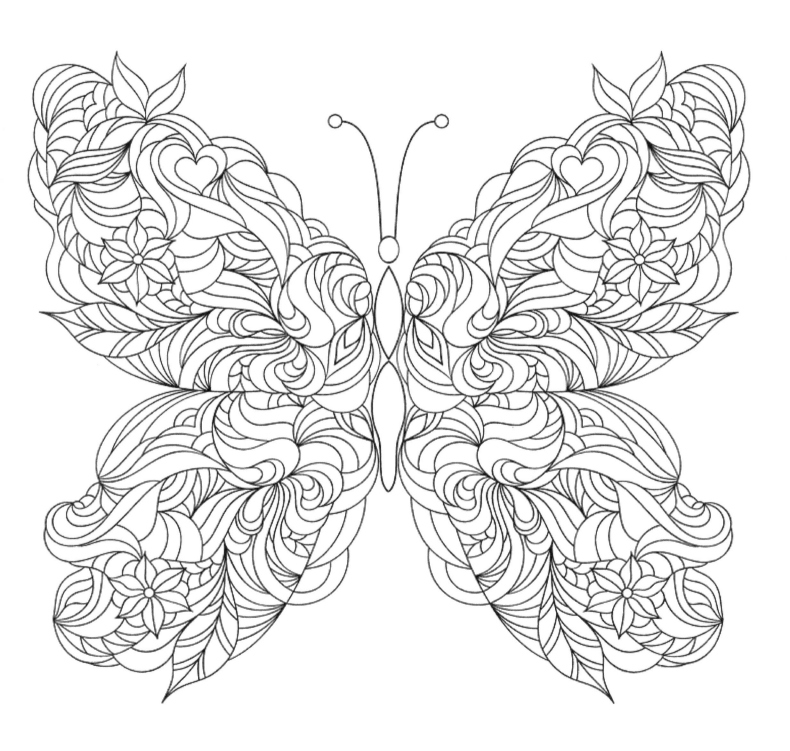

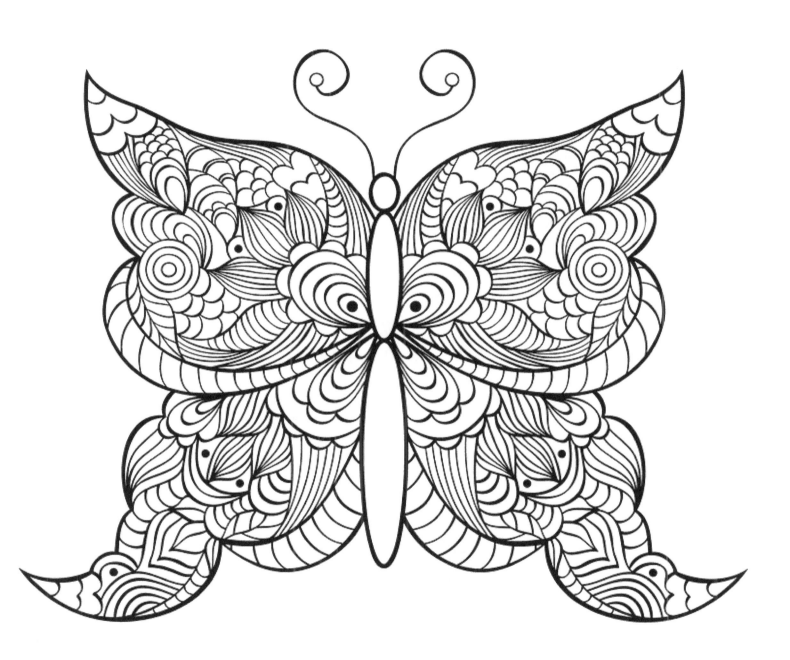

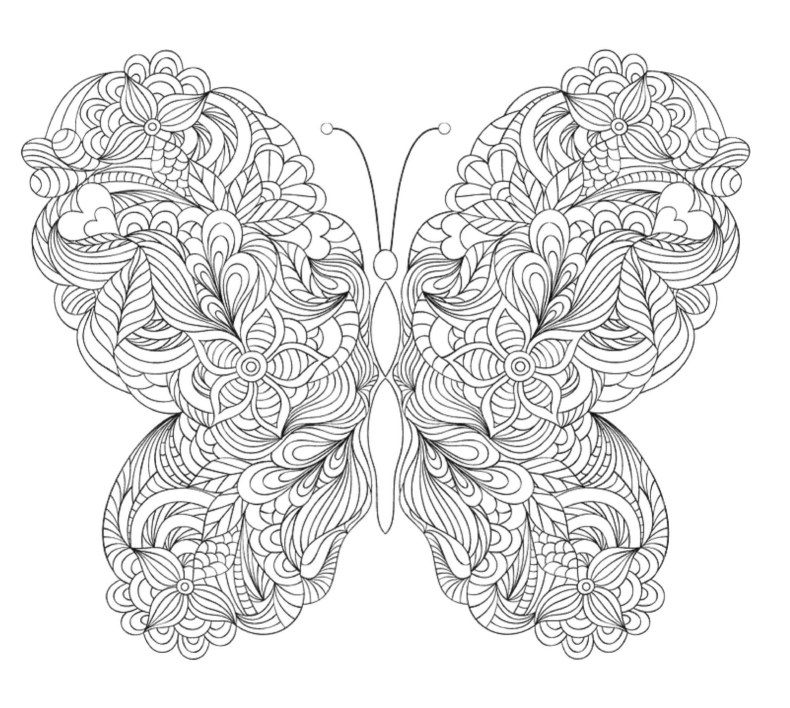

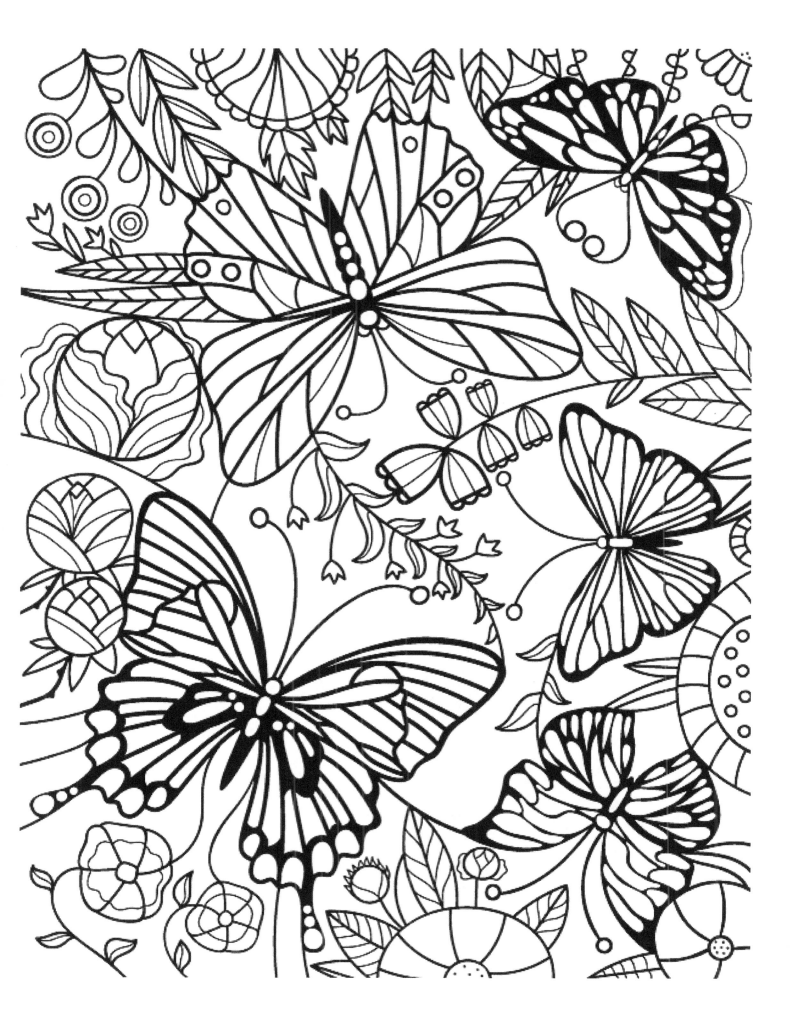

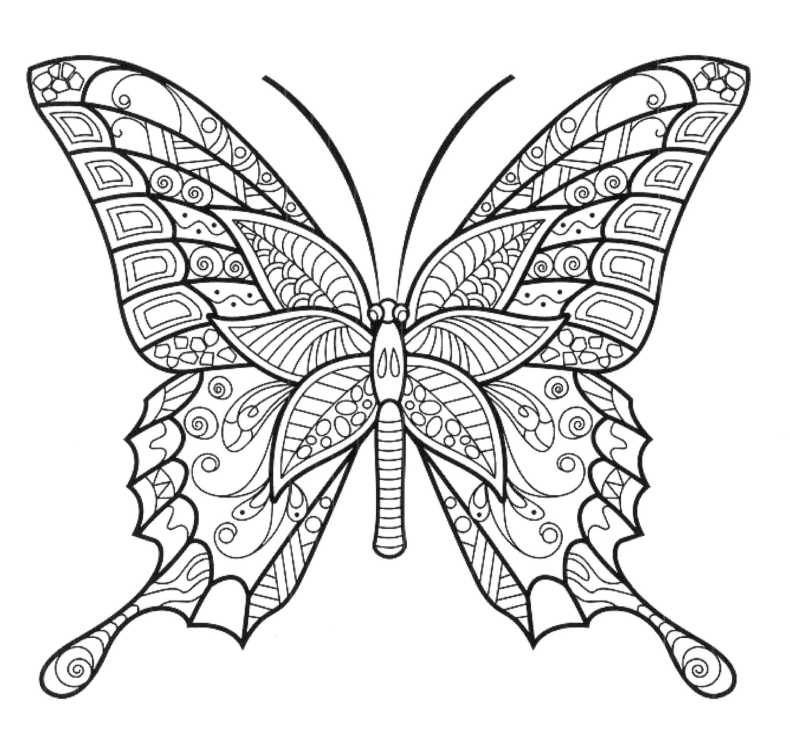

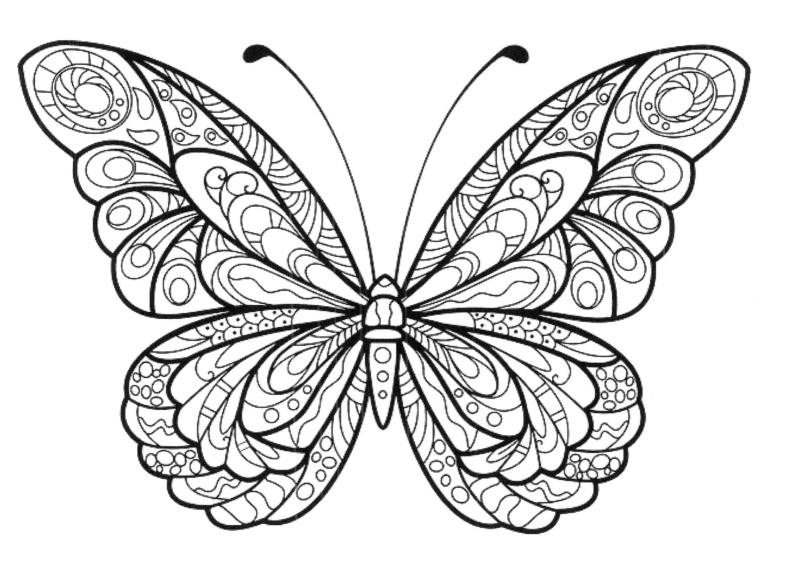

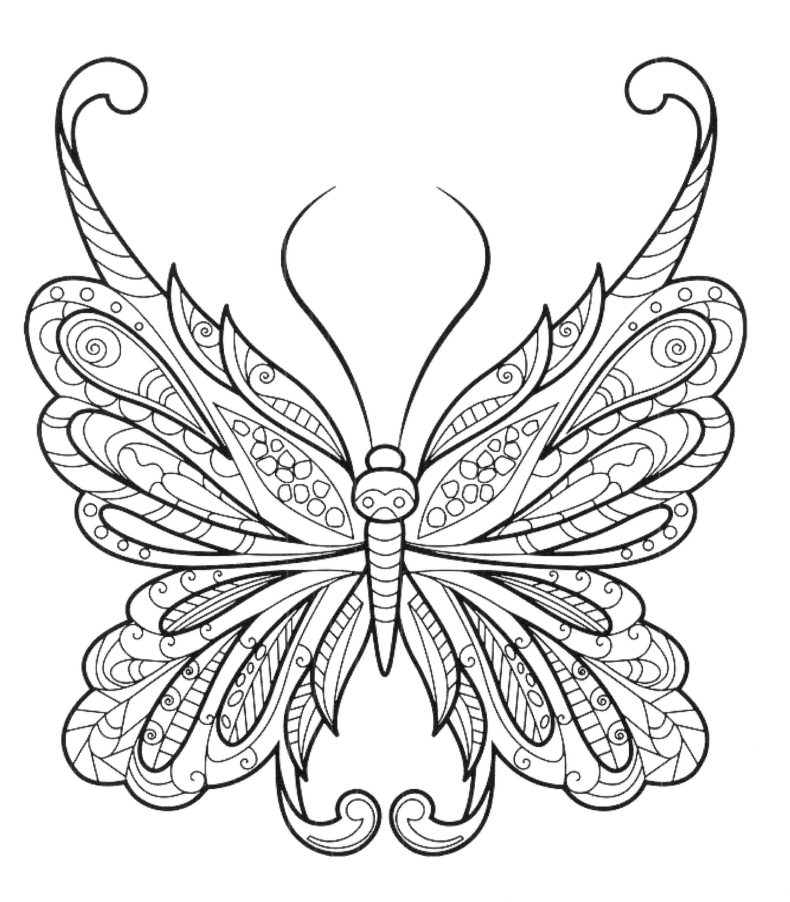

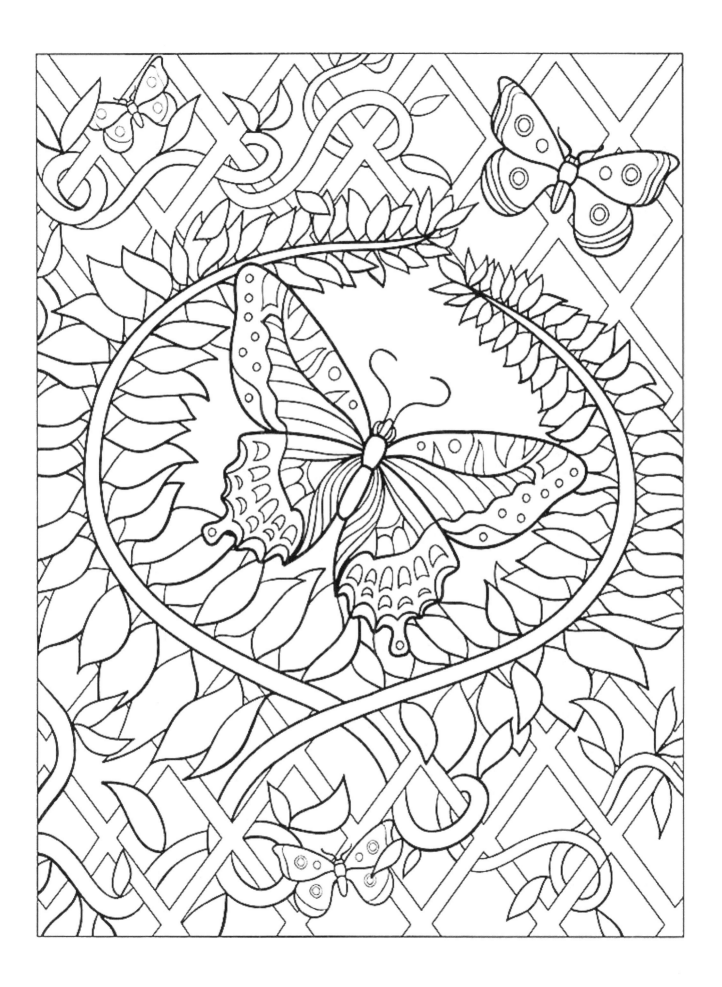

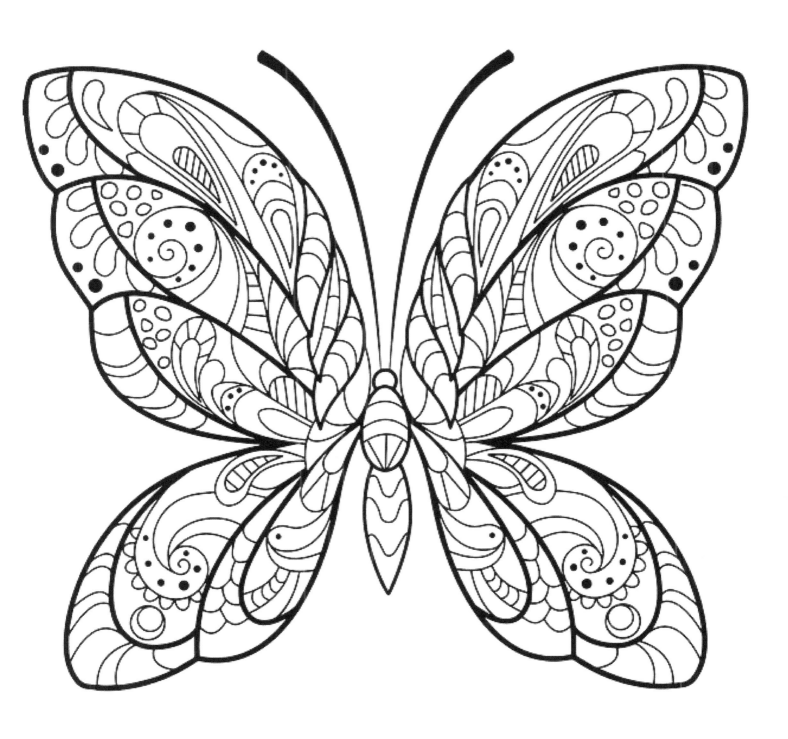

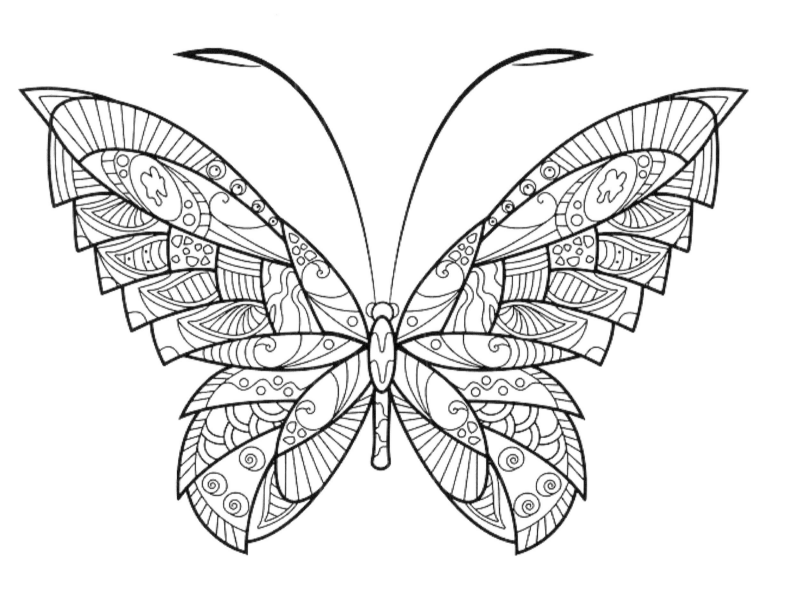

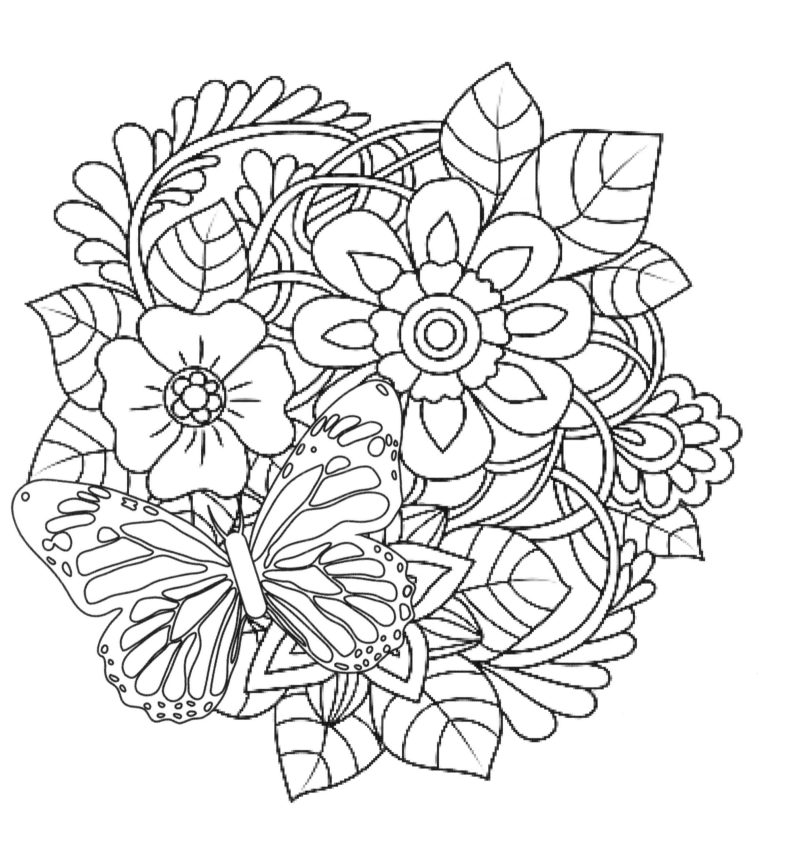

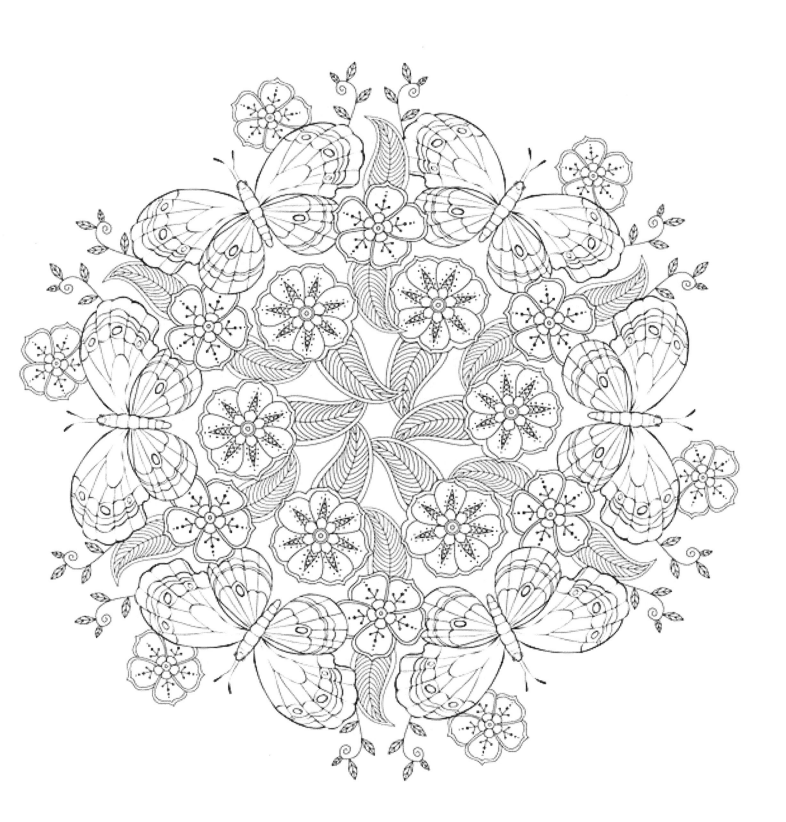

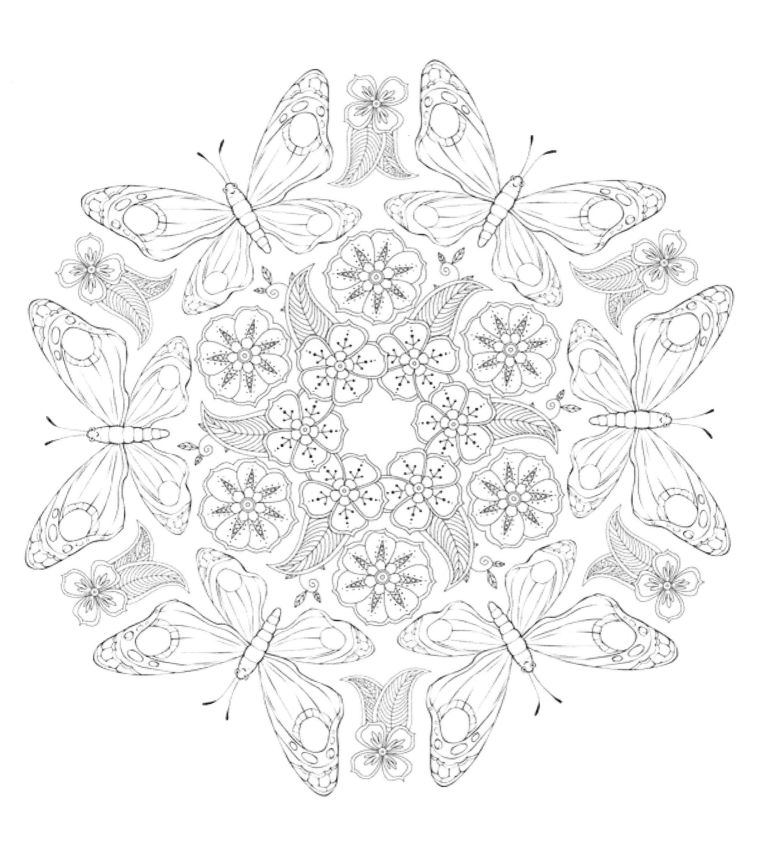

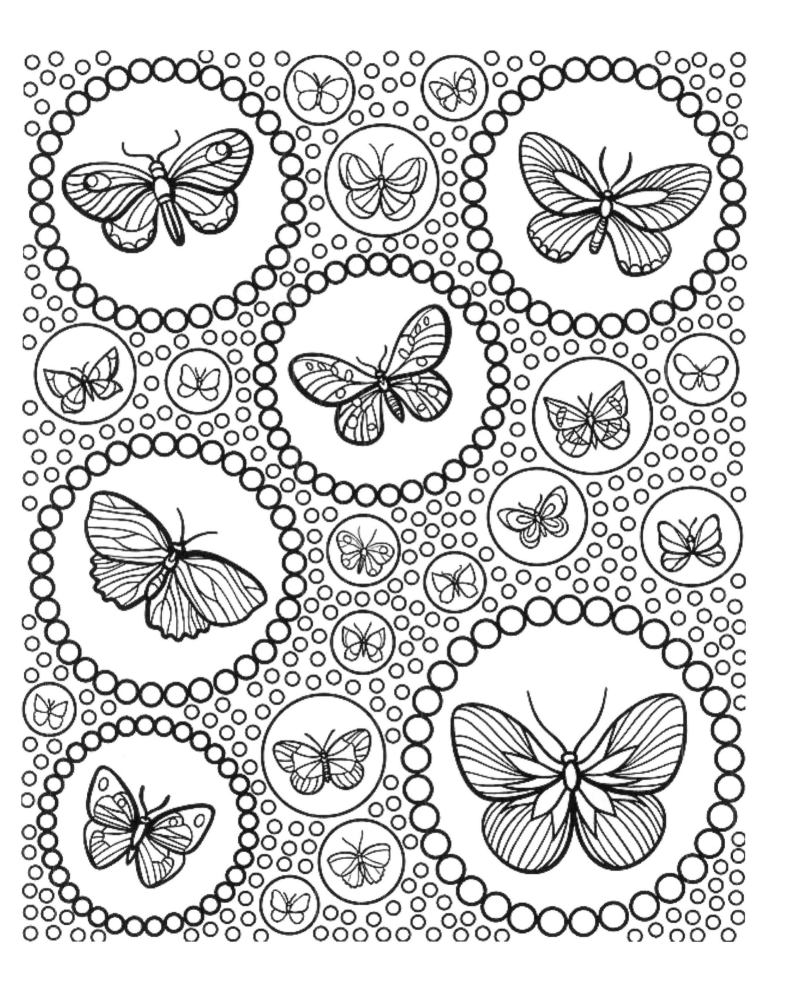

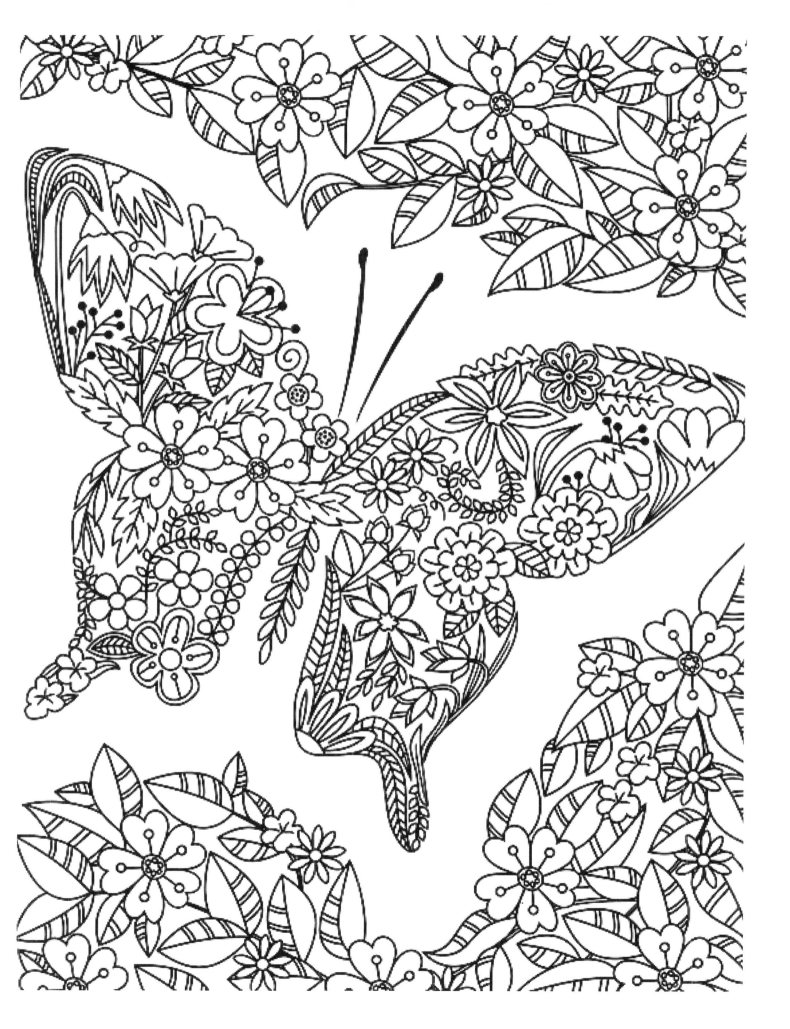

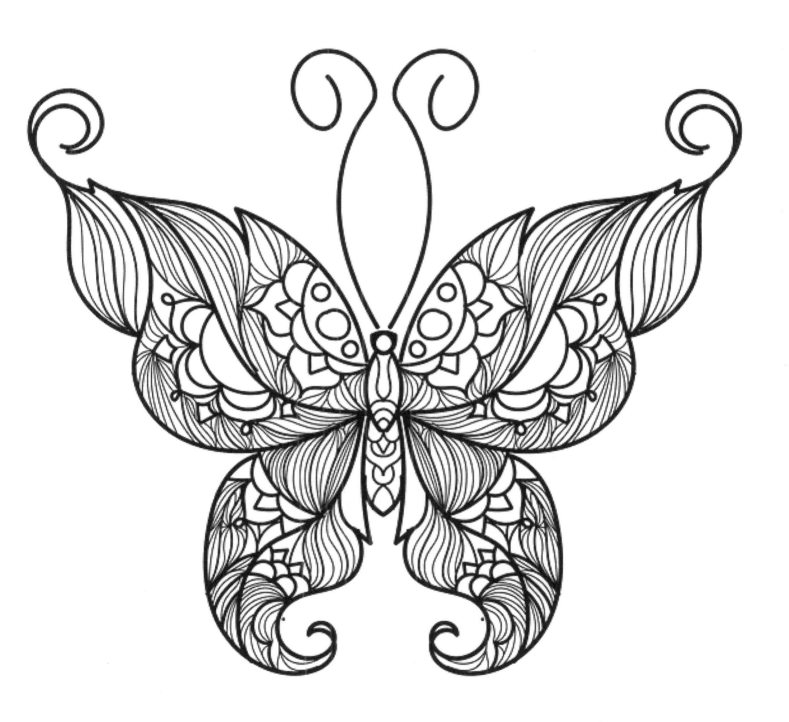

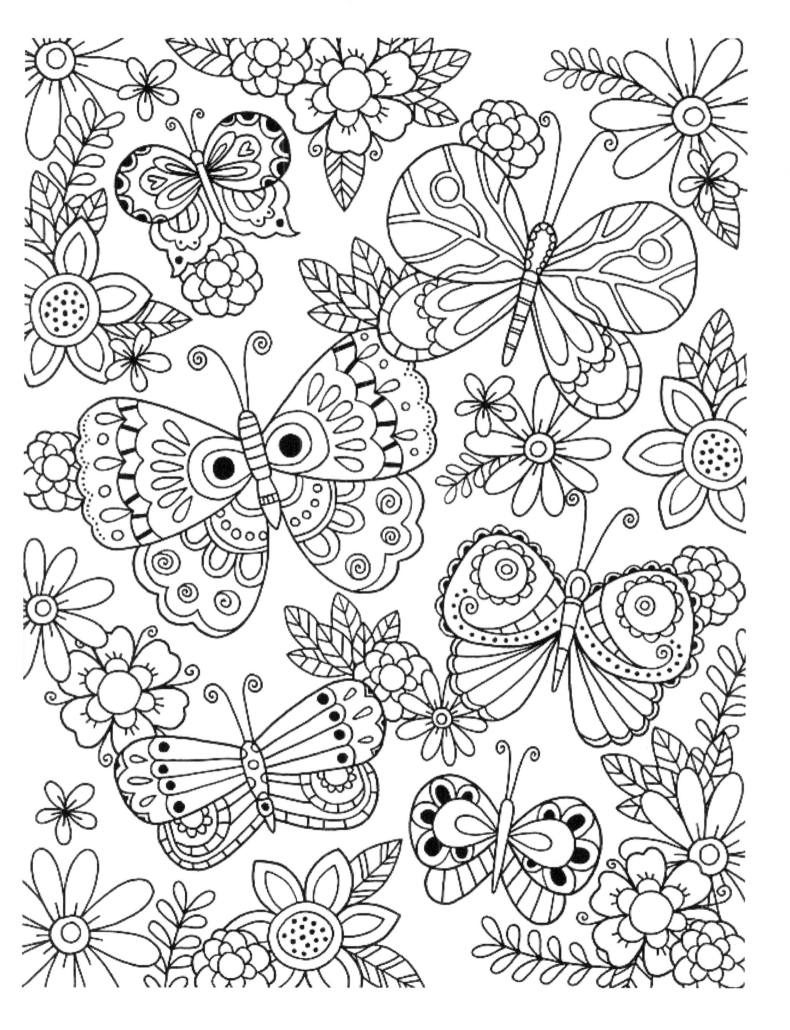

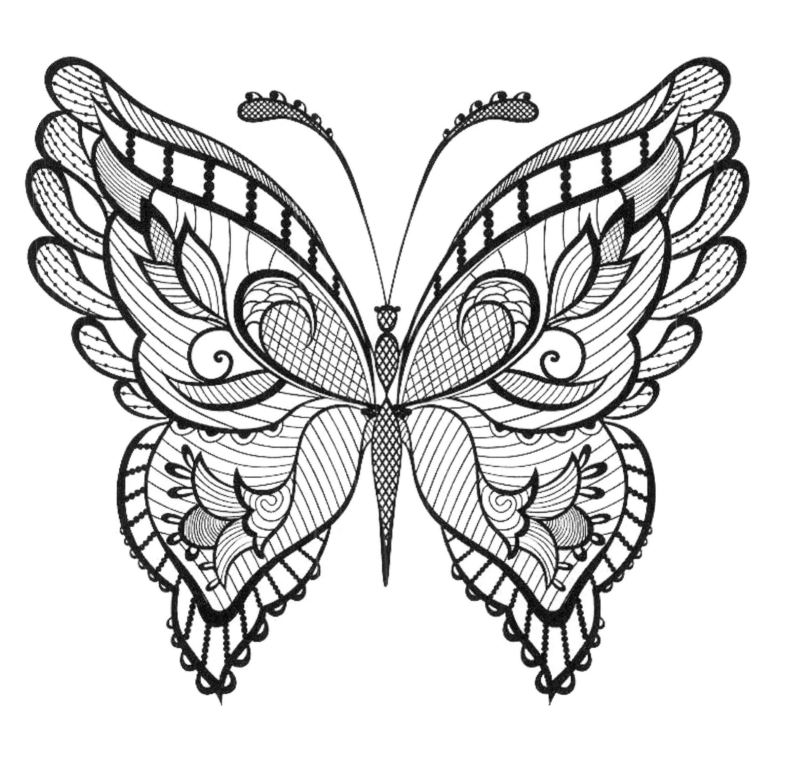

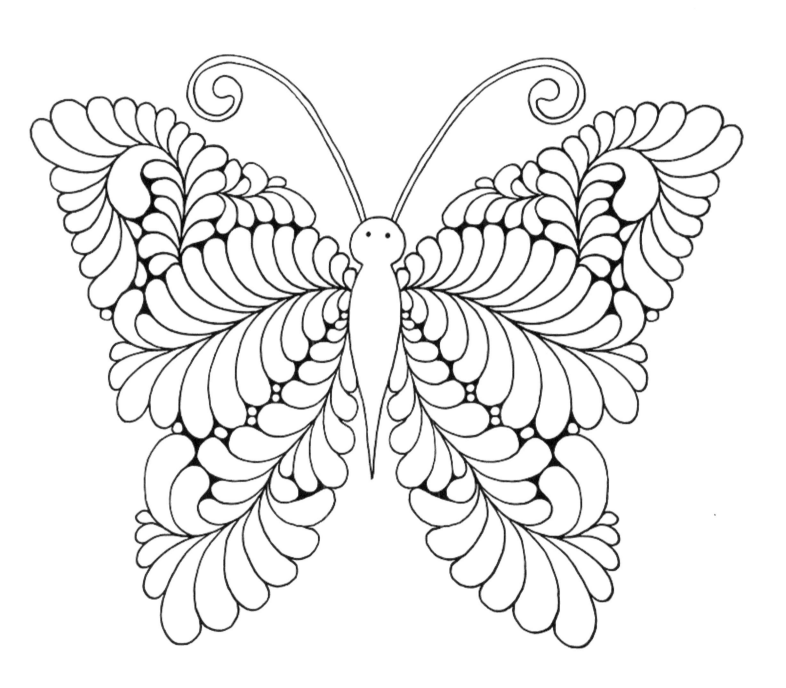

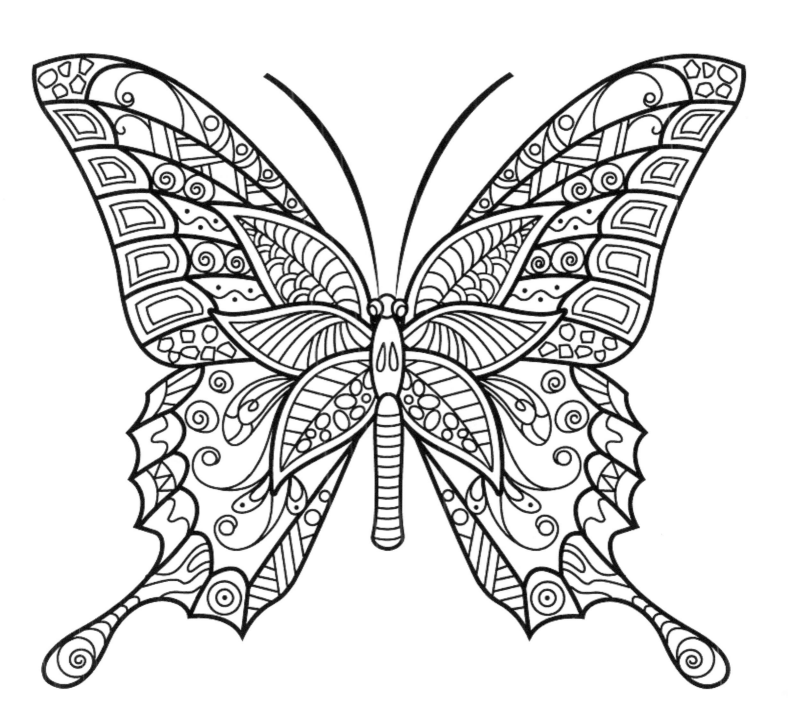

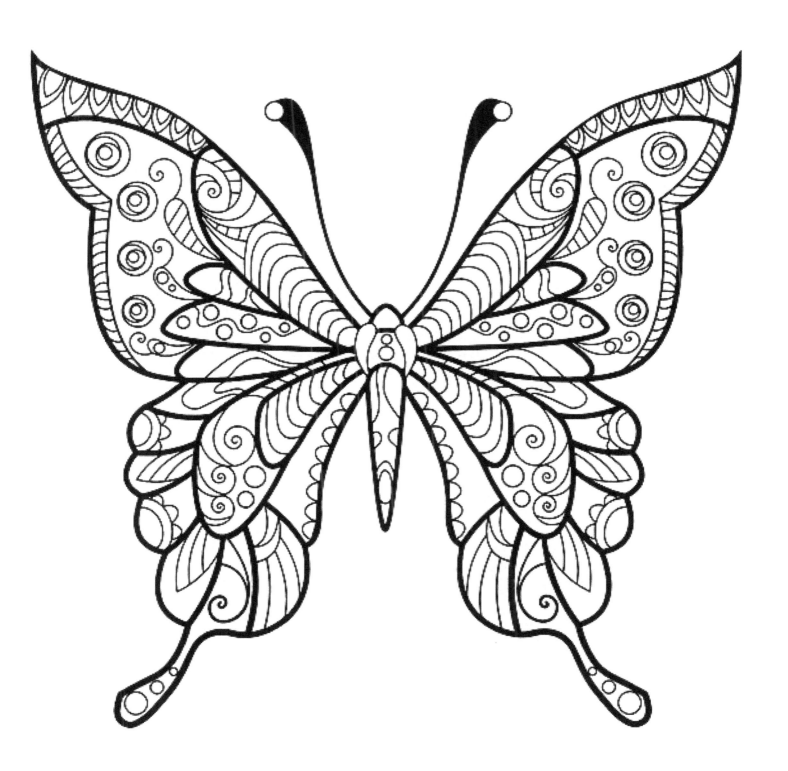

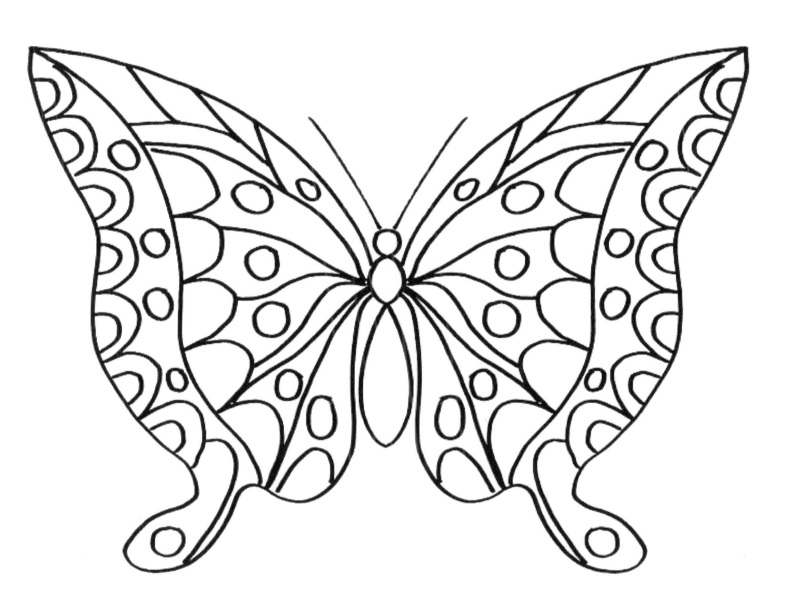

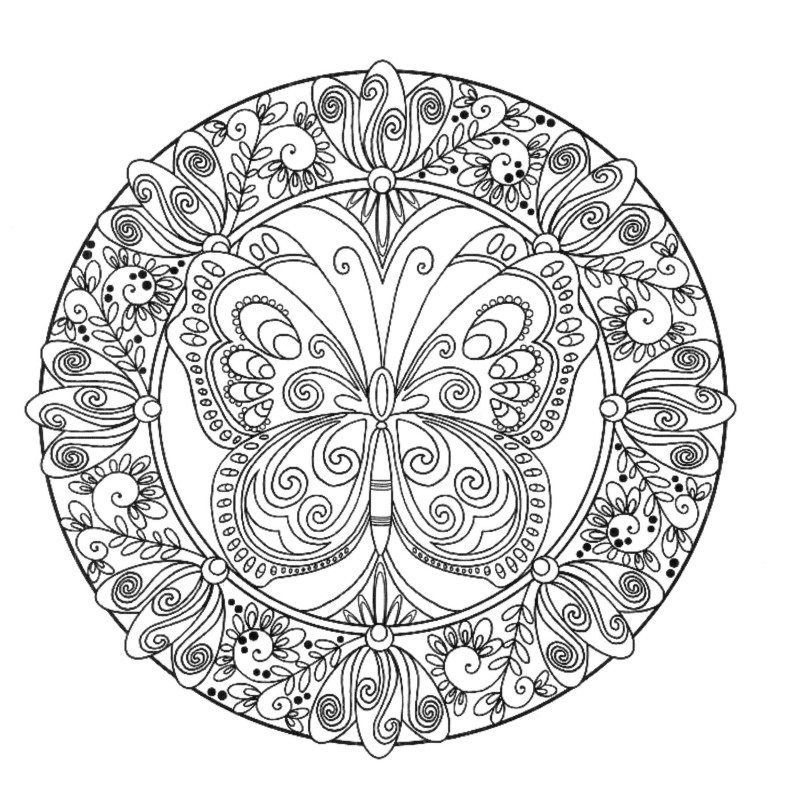

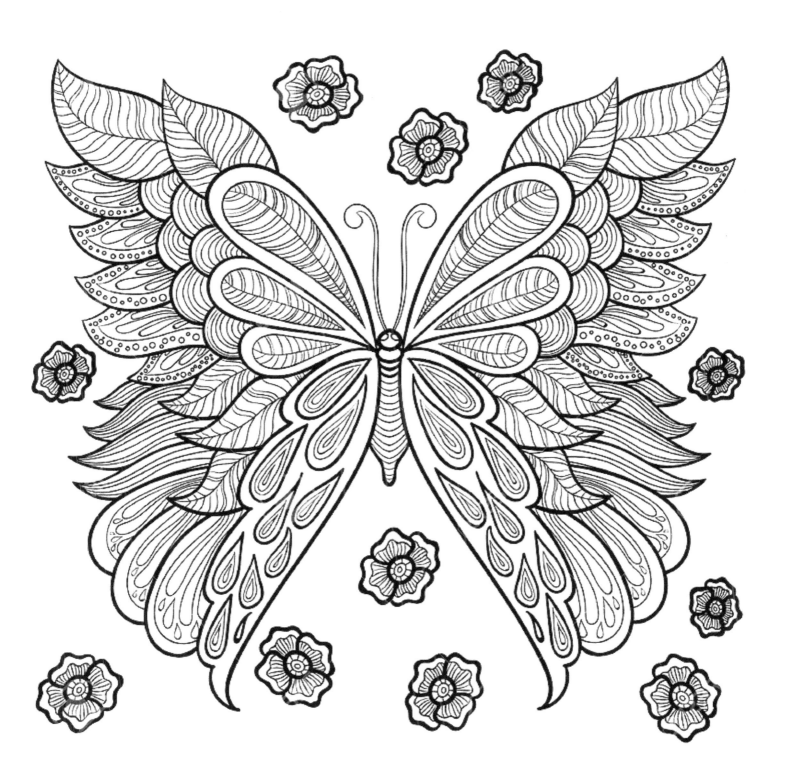

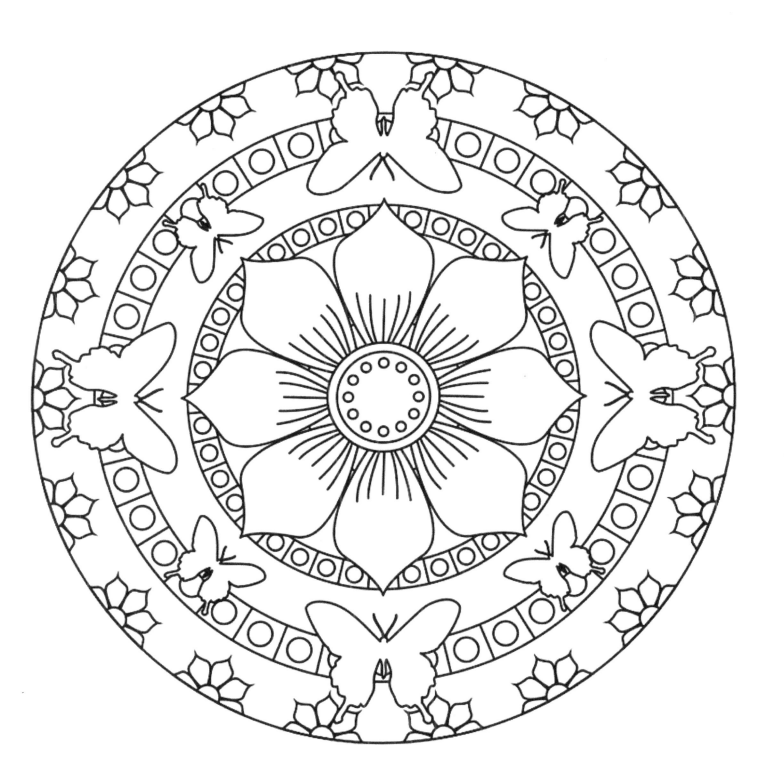

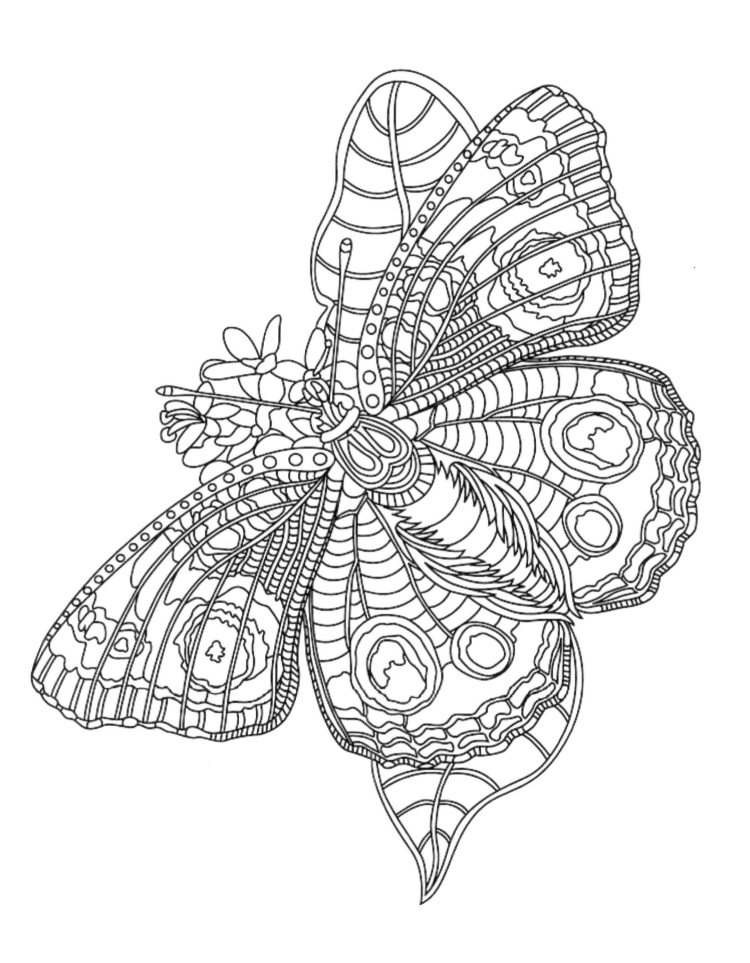

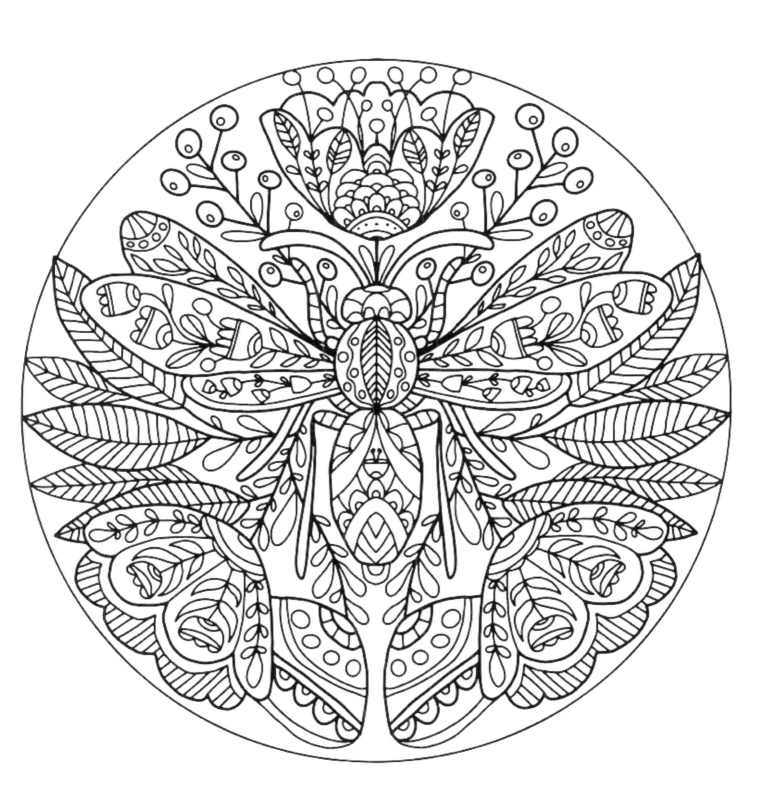

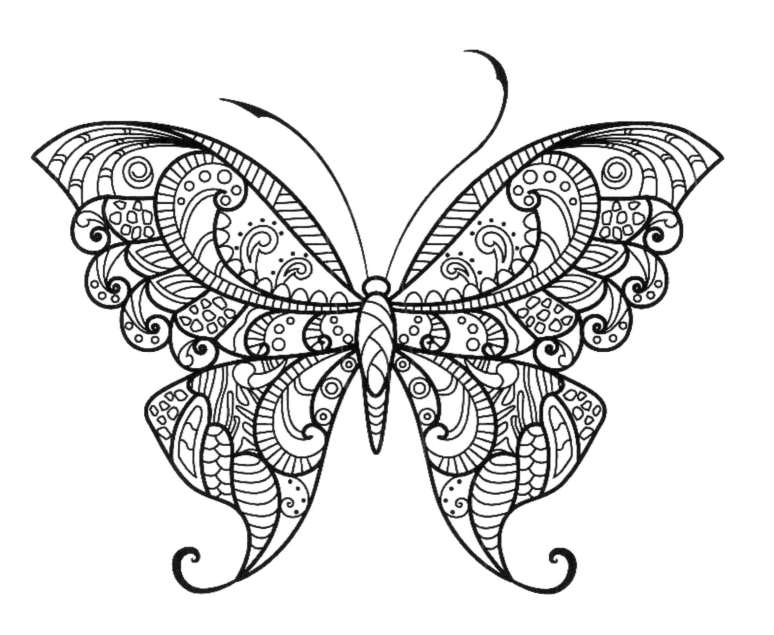

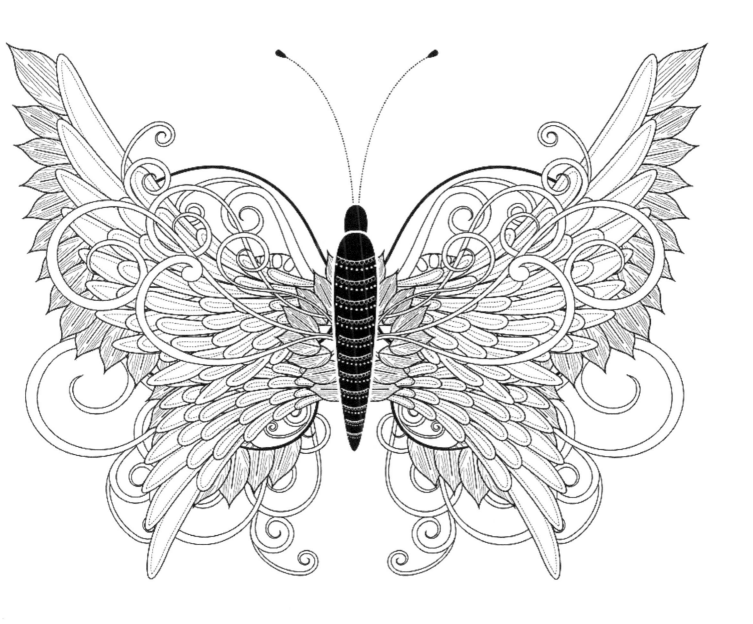

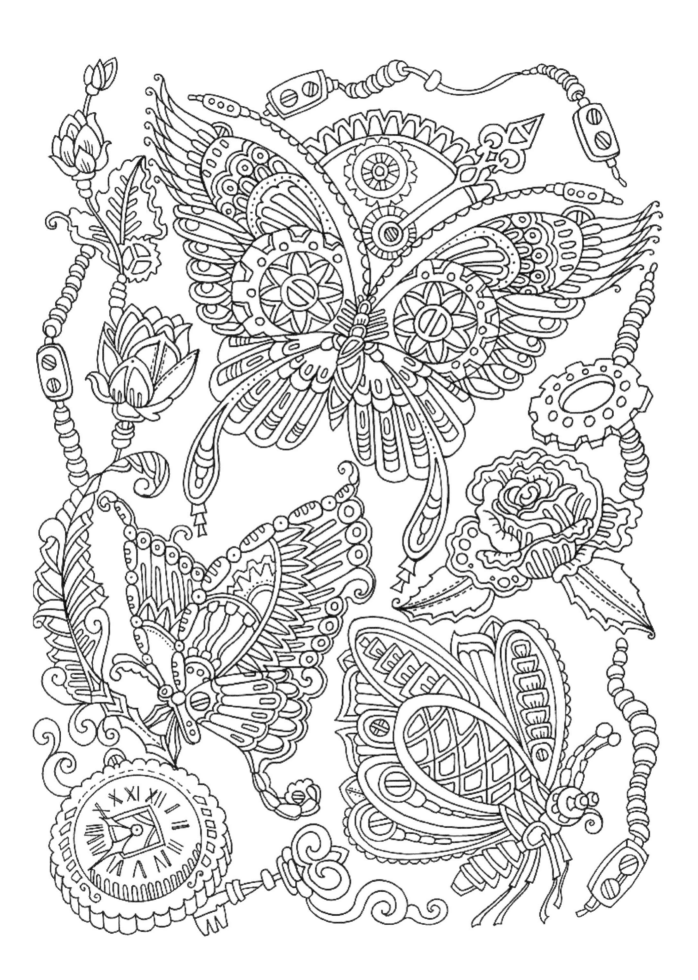

Gracias por elegir este libro para colorear.

Espero que su hijo/a haya disfrutado coloreando este libro tanto como yo he disfrutado creándolo.

Sus comentarios son muy importantes para mí.

Si ha encontrado algún problema con su libro, como errores de impresión, encuadernación defectuosa, sangrado del papel o cualquier otro problema, no dude en ponerse en contacto conmigo en:

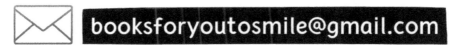 **booksforyoutosmile@gmail.com**

Esperamos, más que nada, que hayan disfrutado de este libro.

Si lo hicieron, por favor tomen en consideración dejar una reseña o evaluación en la página web.
Le tomaría solamente unos minutos y se lo agradeceríamos mucho.
Las reseñas son algo brillante para las pequeñas empresas como nosotros - es la mejor manera de compartir con otros clientes potenciales su opinión sobre el libro. Le animamos a que no dude en añadir fotos del interior y de la cubierta de este libro en su reseña.

¡Muchas gracias de nuevo por elegir este libro!

CPSIA information can be obtained
at www.ICGtesting.com
Printed in the USA
BVHW060124010621
608479BV00015B/2735